FACULTÉ DE DROIT DE PARIS.

THÈSE

POUR LA LICENCE.

PARIS.

MAULDE ET RENOU IMPRIMEURS, RUE BAILLEUL, 9 ET 11.

—

1837

PARIS
1881

FACULTÉ DE DROIT DE PARIS.

THÈSE

POUR LA LICENCE.

L'acte public sur les matières ci-après, sera soutenu le 7 Août 1837,
à dix heures.

Par Jules GEOFFROY, né à Vic (Meurthe).

Président, M. ROSSI, Professeur.

Suffragans	MM. DEPORTETS, BUGNET, PELLAT, SIMON,	Professeurs. Suppléant.

Le candidat répondra en outre aux questions qui lui seront faites sur les autres matières
de l'enseignement.

PARIS.

IMPRIMERIE DE MAULDE ET RENOU,
RUE BAILLEUL, 9 ET 11.

1837

A mon Père et à ma Mère,

A MON ONCLE L.-A. THIRIET,

A M. L. CROUSSE.

JUS ROMANUM.

DE NOVATIONIBUS ET DELEGATIONIBUS.

(ff. lib. 46, tit. 2.)

Novatio jure civili extinguit obligationem et delegatio quædam novatio est.

Definitio novationis est : prioris debiti extinctio, novæ obligationis substitutione. — Ille qui novat creditori satisfacit et novatio est solutio quædam quæ in danda nova obligatione consistit.

§ Ier. *De natura novationis.*

Duplex est obligatio, quarum nascitur posterior ut prior perimatur. Unde sequitur :

1º Omnis obligatio qualiscumque sit, utrum naturalis, an civilis, an honoraria; et utrum verbis, an re, an consensu verbis (¹) novari potest.

___

(¹) Alia est novatio quæ necessaria vocatur, quia etiam in invitum debitorem per litis contestationem effici potest. Eadem semper manet obligatio; pristinam vero no vat actionem litis contestatio et novam rei judicatæ actionem offert, non extinctis pignoribus et hypothecis et fidejussionibus.

Nec dies, nec conditio novationem prohibent. In diem obligatio, priusquam dies advenerit, novabitur; si conditionalis non statim novabitur sed cum conditio extiterit.

Præterea eodem tempore et nasci prior obligatio et novatione perimi potest, cum posterior priorem expectat quæ in se extinguatur; satis enim est quod mente præcedat;

2° Posterior obligatio novat priorem, dummodo aut civiliter, aut naturaliter valeat; naturaliter, puta si pupillus postquam sine tutoris auctoritate promiserit factus sit locupletior : etiam cùm civilem actionem constitutio divi pii obtulerat.

Novat stipulatio vel pura, vel in diem, vel sub conditionem. Tamen fiet novatio statim si illa pura sit, aut si certus dies; sed non prius fiet quam dies eventus adveniat, si dies incertus. Durabit prior obligatio, si conditio non extiterit; tum nulla est novatio. Si vero priorem extinguere in animo fuit, nulla sane supererit obligatio. Cum novatio conditionalis est, pendente conditione, jus civile creditori actionem dare ex prima obligatione constat; at contra doli mali exceptione prætor creditorem repelleret.

Tandem sua ipsa natura plures effectus novatio producit. Tollitur prior obligatio, nec transfertur in posteriorem; tantummodo nascendi causam moriendo præbet.

Hac extinctione cadere necesse est hypothecas, privilegia, fidejussiones, et usuras non currere. Pœna non committitur, namque mora purgatur licet conditionalis sit stipulatio; quia creditori debitor novatione satisfacit. Hæc erant jure exceptionis; jure civili mora tenet, si debitor rei offerendæ, ante copiam habuit quam extiterit conditio.

§ II. *De causa novationis.*

Olim per scripturam et per stipulationem novare poterant.

Illa nominum obligatione sublata, tantummodo per stipulationem novatio fit. Et nihil vetat quin una stipulatione plures noventur obligationes, puta si in unam personam indeque in unam stipulationem confluant.

Nec sufficit stipulatio, nisi novandi animus sit. Alioquin posterior manet et fortè duæ supersunt obligationes. Hìc magna in explorando novandi animo difficultas apparet quæ Justiniani constitutione tollitur. Jussit, specialiter contrahentes priorem remittere obligationem . animumque novandi exprimi ut novatio valeat.

Ille qui promittit, novum qui contrahit vinculum animo novandi, jus stipulandæ contrahendæque obligationis, ille cui promittitur, stipulandi, remittendique vinculi jus, habere debent. An correus stipulandi novare potuerit, dubitatio fuit; Paulus et Vanuleius in hac quæstione dissentiunt.

Per alios qui ex nostra voluntate stipulantur novare possumus.

Qui in nostra potestate sunt, illis non permittitur novatio, nisi administrationem peculi liberam habeant.

Novatio pluribus modis efficitur, videlicet : absque delegatione, aut delegando.

De novatione sine delegatione.

Hæc novatio fit aut mutata obligatione, aut persona debitoris, vel creditoris ablata et novata.

1o Nova obligatio cum posteriorem perimit aliquid novi afferre debet. Hoc nec facile apparet in plurimis jurisconsultorum operibus. Non aliquid novi effici solum, sed causam vel statum obligationis mutari volunt; et recte quidem. Contra, ut ait Gaius, olim si fidejussor adjiciatur aut detrahatur novatio erat; ita ut res quæ accedunt priorem mutando obligationem novasse dicerentur.

2° Cum aliis personis novationem videamus. — Novàtio est, si debitum stipulatus fueris ab alio non debitore meo qui nomen meum ultro suscipit, is enim me etiam invitum liberat. Tum debitor mutatur. —Novatio fit interventu novæ personæ cui debeatur, consentiente debitore.

De novatione cum delegatione sive de delegatione.

Delegatio fit mutata persona debitoris, cum novus debitor novandi mandatum accipit. Ulpianus eam definit : vice sua alium reum creditori dare, vel cui jusserit. — Ille qui delegatur per stipulationem expromittere debet cum creditore si delegationem accipiat.

Delegantis consensus requiritur, quia mandatum dare debet.

Inter delegantem et creditorem non mandatum respicitur, delegans se potius solutione liberat.

Stipulatio novat, liberat igitur ex creditore suo delegantem. Mandatum per compensationem liberabit delegatum si debitor sit delegantis. Si non debitor, in delegantem regressum habet; delegatio autem revocari non potest re quidem adhuc integra. Si per ignorantiam delegatus promiserit, is qui delegavit condictione tenetur; si solverit, mandati actio illi competit.

Delegatus qui expromittit, erga creditorem obligatur et quibus uti erga delegantem poterat exceptionibus, nulla erga creditorem superest.

Stipulatio quæ obligationi intervenit novam facere obligationem videtur; et hoc parvi interest utrum pristina per stipulationem redierit. Stipulatio sola aliquid novi offerebat. Sic Romani, mea quidem sententia, novationem fieri volebant.

DROIT FRANÇAIS.

DE LA NOVATION ET DE LA REMISE DE LA DETTE.

(Cod. civ., liv. 3 , tit. 3, sect. 2 et 3.)

La novation et la remise de la dette sont deux modes d'extinction des obligations. La novation est une espèce de dation en paiement , et la remise de la dette est une libéralité.

De la novation.

Le Code civil est venu profiter autant qu'il le pouvait des vrais principes que le temps ou mieux les mûres réflexions avaient pu poser dans cette matière que l'on peut trouver obscure , car elle est embarrassée et subtile.—Le législateur a-t-il suivi simplement les idées du droit romain ? Sans doute le droit romain a fait sentir son influence ordinaire même en dictant toute l'obscurité et la confusion qui couvrent la novation par changement de parties ; mais notre Code a dû reconnaître, malgré le vague de la loi romaine, que pour la novation entre les mêmes parties les accessoires ajoutés ou retranchés ne peuvent amener une novation. Alors la novation éteint véritablement la dette, et je trouve juste de voir éteindre les accessoires avec toute rigueur. Mais il m'est impossible de ne pas voir l'ancienne dette reparaître quand seulement les parties changent, et la novation ne peut plus guère se comprendre qu'en voyant une extinction fictive de la première dette. — C'est d'après ces idées générales que je vais parler de la novation.

D'abord, établissons que la novation est l'extinction (¹) d'une dette, par la substitution d'une nouvelle obligation, et que ce mode qui éteint et qui crée, par une opération double au fond, ressort de ces deux principes : le premier qui veut que le consentement qui a formé les obligations puisse les éteindre ; le second qui permet à tout créancier de recevoir en paiement autre chose que ce qui lui est dû.

On distingue facilement dans la novation deux obligations : une ancienne qu'on éteint, une nouvelle qui prend sa cause dans l'extinction de la première. De là on se demande tout naturellement quelles sont les obligations qu'on peut nover et qui peuvent nover ? Je répondrai qu'en général toutes le peuvent, même une obligation naturelle, même une obligation annulable ou rescindable.

La première dette est éteinte, donc le débiteur primitif sera toujours libéré. Ceux qui seront tenus avec lui à la même dette le seront aussi.

Avec la dette tombent les accessoires, comme les sûretés et tous ce qui ne tenait à l'obligation que pour son exécution ; il faut donc toujours, selon les principes que je crois apercevoir dans le Code, quand on voudra rattacher à la nouvelle dette les sûretés qui n'existent plus, il faudra, dis-je, 1° ne pas nuire aux tiers ; 2° avoir le consentement de celui que regarde la dation de ces accessoires. Ainsi on devra demander à la caution et au codébiteur

---

(¹) La cession de créance diffère de la novation principalement en cela que la dette n'est pas éteinte. Il n'y a pas plus de novation dans la cession que lorsque le créancier est remplacé par son héritier. Il en est autrement pour la subrogation.

d'accéder au nouvel engagement. Le privilége attaché au premier contrat et les hypothèques fournies par le premier débiteur, pourront cependant être réservés si la réserve est expresse. Quant aux hypothèques fournies par les tiers, il faudra, je pense, une nouvelle constitution.

Comme la novation entraîne derrière elle tous ces effets, on a exigé que l'intention de nover fût manifestée clairement dans l'acte. Sans cette condition remplie, on pourrait ne voir dans la nouvelle opération qu'un engagement inutile, tout au plus bon pour interrompre la prescription; ou, pour peu que la nouvelle dette différât de la première, ce serait une nouvelle obligation qui existerait à côté de l'ancienne, sans la détruire.

Outre l'intention de nover, il faudra que le nouvel engagement soit contracté selon les règles qui lui sont propres. De là nous dirions facilement que les parties doivent avoir la capacité de faire le nouveau contrat, et le pouvoir de faire remise pour elles ou pour autrui.

La novation s'opère :

1º Ou entre les mêmes parties, si la nouvelle obligation est incompatible avec l'existence de la première. L'intention de nover ne suffit donc pas pour cette novation? Non.— L'intention n'apparaîtra pas par l'incompatibilité, car il peut y avoir intention de laisser subsister deux dettes. Si les parties ont déclaré vouloir faire novation, et que l'incompatibilité n'existât pas, je ne verrai pas de novation. Peut-être verrai-je dans cette intention la décharge de quelques accessoires, si l'intention de décharger est évidente ; mais la première obligation subsistera avec les modifications qu'on lui apporte. C'est ici que notre Code diffère de la législation romaine.

2º Ou avec le changement des personnes qui étaient parties au premier contrat.

Dans un premier cas, on verra changer la personne du débiteur, si un tiers vient, sans mandat, s'obliger à la place de l'ancien débiteur. Dès que celui-ci sera déchargé par le créancier, il y aura novation.

Dans un second cas, c'est un nouveau créancier qui intervient; l'ancien créancier décharge envers lui le débiteur, à condition qu'il s'engagera avec telle personne qu'il lui indique. De sorte qu'il faut un nouvel engagement entre le nouveau créancier et le débiteur.

On peut concevoir aussi que le débiteur et le créancier changent à la fois; par exemple, quand un tiers vient se rendre débiteur à ma place envers celui que mon créancier indique. Il faut aussi, dans ce cas, un nouvel engagement.

Avec la délégation, nous verrons que les parties changent aussi.

Délégation a un sens large, qui indique un mandat, et ici un sens spécial qui donne l'idée d'un mandat, afin de remplacer le débiteur que le créancier décharge. Le mandat amène cette décharge et opère la novation selon le Code. Ce mandat doit être donné par le débiteur, accepté par le délégué, et le créancier doit décharger l'ancien débiteur. Il y a donc trois parties, desquelles on devra avoir le consentement.

La décharge donnée au débiteur apporte tous les effets de la novation. Tout ce qui tenait à la première dette ne subsistera plus, et les tiers auront acquis un droit à cette extinction. Le délégataire n'a de recours à exercer contre le délégant que quand le délégué était déjà insolvable. Et ce recours ne peut être l'action de l'ancienne obligation; ce n'est qu'une action en indemnité, née du mandat et fondée sur une présomption d'erreur ou de surprise. Rien n'empêche non plus qu'on se réserve valablement ce recours. — De son côté, le délégué est devenu débiteur unique et personnel du créancier, auquel il ne pourrait opposer les exceptions dont il aurait pu se servir contre le délégant.

Le plus ordinairement le délégué est débiteur du délégant, et on voit la délégation amener l'extinction de deux dettes qu'une nouvelle obligation nove.

D'ailleurs, quand les parties changent, il n'est pas besoin que la nouvelle obligation soit différente de l'ancienne. Cette novation particulière jette de l'embarras dans cette section. On sent qu'il aurait été bien plus simple de n'appeler novation que l'extinction véritable de la première dette, ce qui rapprocherait davantage la novation de la définition que tout le monde en donne. En effet, est-ce que ce n'est pas la même dette qui passe au délégué ? Est-ce qu'elle ne sera plus la même quand la décharge aura enlevé les accessoires? On ne peut voir là qu'une extinction fictive. En ne confondant pas le transport des créances et l'extinction des accessoires avec l'extinction de la dette on aurait pu simplifier cette matière. Mais comme je l'ai dit en commençant cette thèse, le Code civil avait devant lui le droit romain. Il a fait tout ce qu'il lui était permis de faire, et j'aime mieux encore notre législation que celle des Romains.

De la remise de la dette.

Le principe sur lequel se fonde l'extinction de l'obligation par la remise de la dette, est que le consentement des parties suffit sinon pour dissoudre, du moins pour éteindre les obligations qu'il fait naître. Ce principe n'est lui-même que l'extension de celui du droit romain qui voulait qu'on pût dissoudre les obligations de la même manière qu'on les avait formées.

La remise de la dette est la renonciation gratuite que le créancier fait de sa portion active dans une obligation. Ce côté rompu, l'autre le sera bientôt quand le débiteur aura accepté. Il faudra donc son acceptation? Oui, car je ne puis concevoir que la volonté de l'homme s'élève contre lui et le tienne lié quand il fait une libéralité. Et la remise de la dette est une libéralité faite au débiteur. Nous croyons pouvoir la dispenser des règles de forme de la donation, mais elle reste soumise à toutes les règles du fond. Cette décision est large, et on peut facilement la suivre dans toute son étendue.

Il suit de là que pour faire la remise, il faut avoir la capacité d'aliéner par donation : il faut que la personne à qui la remise est faite soit capable de recevoir.

La remise peut-être totale ou partielle, conditionnelle, pure et simple ou à terme.

On peut établir que la remise gratuite n'est jamais présumée, car les libéralités ne peuvent se présumer. Il ne faudrait donc pas voir de remise tacite de la dette. — Qu'il y ait un ou plusieurs débiteurs, la remise sera toujours expresse, c'est-à-dire établie par tout mode légal de manifester la volonté. Seulement, quand il y a plusieurs débiteurs, il faut distinguer une remise réelle d'une remise personnelle. Elle est réelle quand elle s'étend à toute la dette et par conséquent à tous les coobligés et les accessoires ; elle n'est que personnelle si elle ne fait que décharger celui-là seulement à qui elle est faite. — La remise de la dette est de droit réelle, mais toute volonté contraire est écoutée. D'un autre côté la remise d'un accessoire, d'une sûreté, ne sera considérée que comme une décharge personnelle ; elle ne pourra évidemment faire présumer la remise de la dette principale.

Enfin, la loi voulant, mal à propos, résumer une discussion de Pothier, vient gêner la liberté d'une convention. Je parle de l'art. 1288, qui ne veut pas qu'on puisse décharger une caution qui paie pour sa décharge seulement. La dette principale sera éteinte en partie par ce paiement qui ne la regardait pas.

Voilà la remise gratuite de la dette ; mais cette section parle en outre de la libération tacite des débiteurs. Confondant la remise matérielle du titre avec le mot remise de la dette, le Code s'occupe d'abord de la libération tacite, qu'il appelle remise tacite.

Ainsi, la remise volontaire du titre original sous seing privé, ou, par analogie, de l'original en brevet, font présumer, avec exclusion de preuve contraire, une libération ou extinction de la dette. En effet, en se privant du seul moyen de prouver sa créance, le créancier indique bien qu'il a abandonné son droit. Quant à la remise de la grosse du titre, vu la facilité qu'aurait le créancier de se procurer sur la minute une nouvelle preuve de son droit, la présomption de libération n'est admise que sauf la preuve contraire.

Hors ces cas, on ne verra jamais, selon le Code, que des présomptions graves, précises et concordantes, qui, formant un faisceau imposant, pourront entraîner la décision du juge.

QUESTIONS.

I. D. La dette de jeu ou de pari peut-elle être novée?

R. Je ne le pense pas. La loi, si elle la reconnaît dans sa transformation, la regardera toujours avec la même défaveur.

II. D. Une nouvelle obligation, ou mieux une nouvelle convention, qui n'apporte rien qu'un terme ou qu'une condition, nove-t-elle la première qu'elle répète?

R. Non.

III. D. Peut-on nover une obligation conditionnelle par une obligation pure et simple qui serait même incompatible ?

R. On pourrait, je crois, répondre non, si la condition est suspensive.

IV. D. Un jugement peut-il nover une obligation ?

R. Non.

V. D. La remise du titre original prouve la libération, mais est-ce la libération par paiement ou par remise gratuite ?

R. Le Code n'a pas voulu trancher la question; alors nous dirons que c'est celui qui aura intérêt à voir la libération par paiement ou par la remise, qui devra prouver l'une ou l'autre.

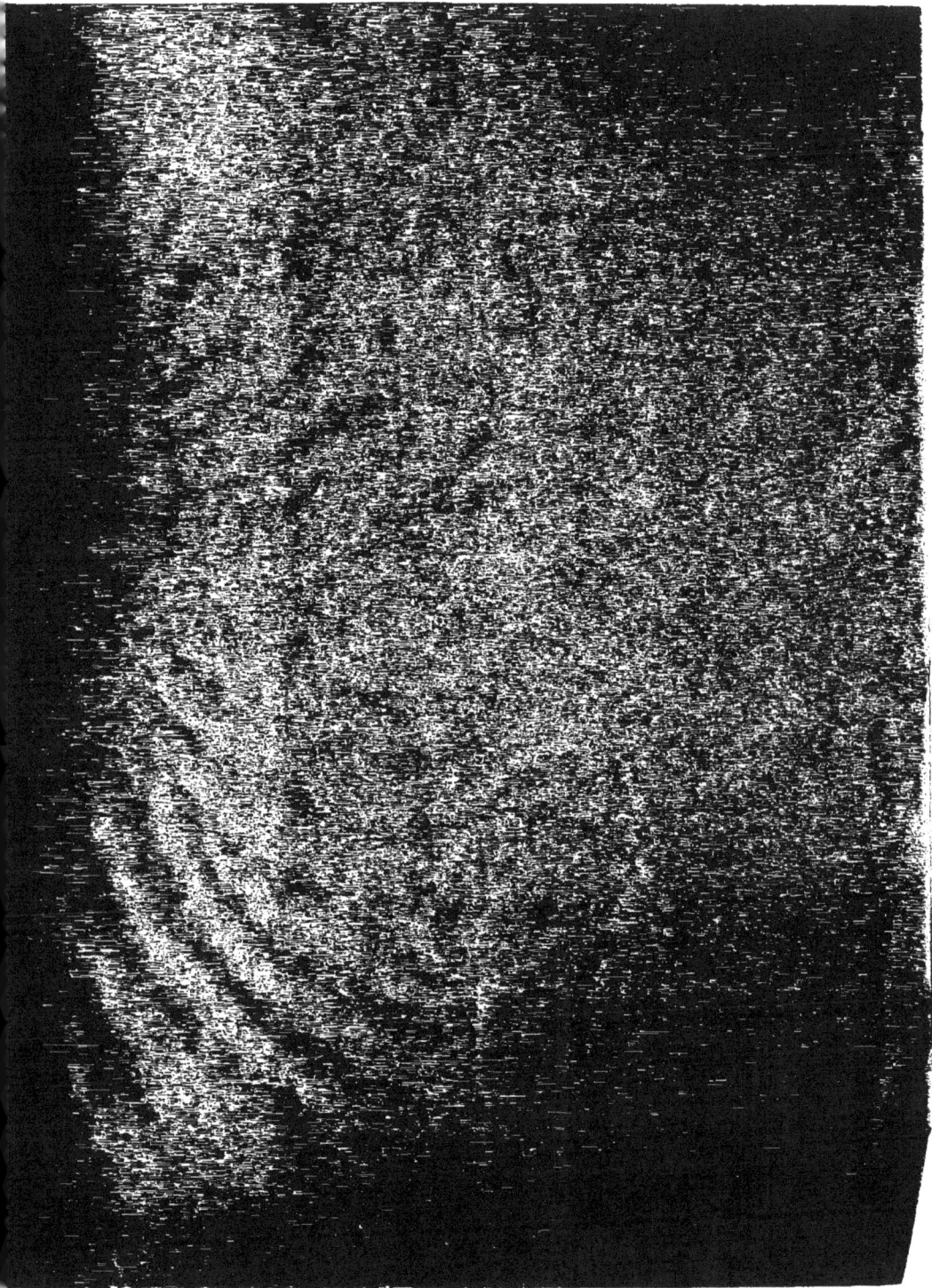

www.ingramcontent.com/pod-product-compliance
Lightning Source LLC
Chambersburg PA
CBHW050500210326
41520CB00019B/6290